Beziehungsratgeber für Paare

Die Ursachen Ihrer Beziehungsprobleme ergründen, Schritt für Schritt beseitigen und ein nachhaltig glückliches Beziehungsleben führen

inkl. praktischer Übungen und Gedanken zum Reflektieren

Sarah Brandau

🤝 INHALT

Das erwartet Sie in diesem Buch   1

Probleme verstehen   3

Was sagt die Wissenschaft?   *3*

Wie erkennen Sie Probleme?   *5*

Drei Anzeichen für Beziehungsprobleme: *6*

Beziehungsprobleme, die aus dem Alltag stammen können: *7*

Drei schwerwiegende Beziehungsprobleme   *8*

Veranschaulichung von Problemsituationen mit Lösungsansätzen   *11*

Wahrnehmungen und Erwartungen   13

Welche Erwartungen Sie an Partnerschaften haben   *13*

Auffassung von wahrer Liebe erkennen   *17*

Tipps   *20*

Fehlende Kommunikation   22

Relevanz einer aktiven Kommunikation   *22*

Work-Love-Balance   *29*

Entstehung und Überwindung von Eifersucht *36*

Selbstliebe 42

Akzeptanz seines Selbst 42

Lernen, sich selbst zu lieben 44

Erfüllende Intimität erleben 48

Bedeutung 48

Tipps und Ratschläge 52

Dankbarkeit 55

Nehmen und Geben 55

Wertschätzung 60

Das erwartet Sie in diesem Buch

Beherrscht nur noch Streit Ihren Alltag? Fühlen Sie sich dadurch schwach und ungeliebt? Fällt es Ihnen schwer, einzuschätzen, wann Sie sich bemühen sollten, Ihre Beziehung fortzusetzen? Dann haben Sie beim Kauf dieses Buches die richtige Entscheidung getroffen.

Beziehungen, Liebe und Zuneigung wünscht sich jeder. Aber was ist, wenn Sie oder Ihr Partner nicht mehr zueinanderfinden? Wenn Sie Ihre innere Mitte nicht finden oder die rosarote Brille durch Alltagsprobleme ersetzt wird? Doch das muss kein

Grund dafür sein, zu verzweifeln. Eine Partnerschaft besteht aus Geben und Nehmen. Es gibt viele Möglichkeiten, um wieder zueinander zu finden. Der vorliegende Ratgeber für Paare zeigt Ihnen, wie Sie es genau schaffen können, um an Ihrer Beziehung zu arbeiten, die Beziehung schnell und einfach wieder in die Ausgangslage zu bringen und somit Ihre Partnerschaft zu stärken. Und darum soll es in diesem Buch gehen. Es ist nicht relevant, ob Sie sich in einer Fernbeziehung, in einer langfristigen Beziehung oder in einer kurzen Beziehung befinden.

Sie erfahren alles über das Thema Beziehungsprobleme, wie Probleme entstehen und Sie diese erkennen. Es werden Ihnen konkrete Lösungsansätze, Tipps und Ratschläge zu unterschiedlichsten Faktoren geboten. Dazu zählen Erwartungen an den Partner, fehlende Kommunikation, die Selbstliebe, wie eine erfüllende Intimität erlebt werden kann und wie Sie und Ihr Partner Dankbarkeit und Wertschätzung äußern können. Zu jedem Kapitel finden Sie eine Übung oder Gedanken zum Reflektieren. Die Beispiele lassen sich gut auf individuelle Situationen anpassen und erklären anschaulich, wie sie gelöst werden können.

Probleme verstehen

WAS SAGT DIE WISSENSCHAFT?

Bevor Sie konkrete Anwendungstipps und Ratschläge erhalten, ist es wichtig, zu verstehen, was die Wissenschaft herausgefunden hat.

In den ersten zwei Jahren solle der Botenstoff Dopamin ausgesetzt werden. Aus diesem Grund seien die ersten zwei Jahre einer Beziehung die schönsten. Wenn der geliebte Partner angesehen wird, setzen sich große Mengen an Dopamin im Gehirn frei. Dies führt dazu, dass Euphorie und Glücksgefühle verspürt werden. Gleichzeitig werden andere Gehirnareale weniger genutzt, „die für rationale Einschätzungen verantwortlich sind". Das führt zu dem Ausdruck der bekannten „Rosaroten Brille".

Nach zwei Jahren verschwindet diese rosarote Brille und wird aber durch Eigenschaften wie Bindung und Treue ersetzt. Kennen Sie den Ausdruck „Das verflixte siebte Jahr"? Dieses gibt es tatsächlich. Die Zufriedenheit, das Glücklichsein, erreicht bei einigen Paaren zwischen dem fünften und achten Jahr das Tief.

Wer dieses überstehe, habe eine gute Chance, fürs Leben eine Beziehung gefunden zu haben. 72 % des Volkes glaubt nach einer Statistik aus dem Jahr 2012 an die Liebe, die das ganze Leben lang hält.

Aber was ist, wenn Sie vor den zwei Jahren in Beziehungsprobleme geraten? Ist das Ende der Beziehung dann schon vorhersehbar? Bei einer Umfrage im Online-Portal Parship aus dem Jahr 2019 wurden 4295 zu Trennungsgründen befragt. 29 % geben an, dass ein Grund für die Trennung war, dass mindestens einer von beiden in der Beziehung unglücklich war. 25 % hätten unterschiedliche Interessen entwickelt. Und 15 % der Teilnehmer gaben an, dass sie sich ständig gestritten haben und uneinig waren. Wichtig ist es, Probleme oder Krisen frühzeitig zu erkennen, um dann Lösungen gemeinsam zu suchen.

WIE ERKENNEN SIE PROBLEME?

Sie wissen nun, was die Wissenschaft zu Beziehungen sagt. Kann man aber diese Werte pauschalisieren? Die Antwort lautet: Nein! Jede Beziehung, jeder Partner ist individuell. Doch wie erkennen Sie Probleme?

Ein Problem zu haben, bedeutet nicht, dass es nicht lösbar ist. Ein Problem bedeutet aber negative Stimmung. Die meisten Beziehungen haben zwei typische Zeitpunkte, an denen Probleme auftreten: nach dem Schluss der ersten Phase der Verliebtheit und nach größeren Veränderungen.

Wenn Beziehungen mehrere Monate bestehen, kommt der Alltag zum Vorschein, das Verliebtsein ist nicht mehr der zentrale Punkt und die Ansichten des Partners werden plötzlich anstrengender und weniger liebenswert. Auch die genannten größeren Veränderungen, wie das Zusammenwohnen, die Gründung einer Familie, ein Jobwechsel, neue Hobbys, können dazu führen, dass die Beziehung belastet wird, weil die bekannte Stabilität wegbricht. Es gibt mehrere Signale, die dafür verantwortlich sind, dass Sie ein Beziehungsproblem haben. Welche das sind, werden Ihnen nun vorgestellt.

Zuerst gibt es eine sogenannte Erkennung der Problemstufe. Es gibt Anzeichen für Beziehungsprobleme, Beziehungsprobleme aus dem Alltag und schwerwiegende Beziehungsprobleme. Jede Kategorie wird im Folgenden näher beleuchtet. Stellen Sie sich die genannten Fragen. Versuchen Sie, ehrlich zu sein. Wenn Sie erkennen, dass das eine oder andere auf Sie oder Ihren Partner zu trifft, wissen Sie, Sie haben ein Problem.

DREI ANZEICHEN FÜR BEZIEHUNGSPROBLEME:

1. Respektlosigkeit und verlorene Achtung

Legen Sie oder Ihr Partner keinen Wert auf die Meinung des Gegenübers? Denken Sie, Sie müssten erziehen oder bevormunden? Oder Sie werden bevormundet? Liegt ein regelmäßiges Fehlverhalten zugrunde? Ein Fremdflirt? Beziehungen beruhen auf Respekt und Achtung gegenüber dem Partner, deshalb ist es nicht leicht, ein solches Problem zu lösen.

2. Geringe Einsatzbereitschaft

Bezieht Ihr Partner Sie nicht in Entscheidungen mit ein? Zum Beispiel: Einen Jobwechsel, einen Umzug in eine andere Stadt oder eine Trennung? Das heißt, Ihr Partner schätzt Sie und Ihren Willen nicht. Im Umkehrschluss bedeutet das: keine Einsatzbereitschaft!

3. Körperliche Distanz

Distanzieren Sie sich körperlich voneinander? In dieser Phase ist der Punkt erreicht, dass Sie das Problem angehen müssen.

BEZIEHUNGSPROBLEME, DIE AUS DEM ALLTAG STAMMEN KÖNNEN:

Hohe Erwartungen

Erwarten Sie oder Ihr Partner zu viel voneinander? Wird dies auch von Ihnen oder Ihrem Partner kommuniziert? Führt die Nicht-Erfüllung zu einer Enttäuschung?

Verspätungen

Verspätet sich Ihr Partner regelmäßig? Das bedeutet mehr als fünf Minuten. Auf Dauer kann das als respektlos gelten und für Desinteresse sorgen.

Geschichten von Ex-Partnern

„Meine/Mein Ex hat das auch immer so gemacht" – diesen Satz wollen weder Männer noch Frauen gern hören. Niemand möchte mit dem Ex-Partner verglichen werden.

Loyalität

Mit Freunden/Bekannten oder Familienangehörigen wird über Dinge geredet, die Sie Ihrem Partner anvertraut haben? Dieses Problem muss schnell gelöst werden, denn es sorgt dafür, dass Sie im schlimmsten Fall Ihrem Partner nichts mehr erzählen wollen. Und das ist nicht der Sinn und Zweck einer Beziehung.

DREI SCHWERWIEGENDE BEZIEHUNGSPROBLEME

1. Eifersucht

Sie fühlen sich erdrückt und haben kaum Luft zum Atmen, weil Ihr Partner krankhaft eifersüchtig ist? Das Problem gehört zu den größten Belastungen und kann nicht nur die eifersüchtige Person selbst belasten, sondern auch die Person, die der Eifersucht ausgesetzt ist.

Dabei ist nicht die Rede von wenig Eifersucht, wenn sie gerechtfertigt ist.

2. Emotionale Erpressung

„Ich liebe dich mehr als du mich", „Du liebst mich gar nicht!" Haben Sie selbst oder Ihr Partner eine dieser Aussagen ausgesprochen?

3. Betrug

Fühlen Sie sich betrogen? Betrug zu verspüren ist eine individuelle Entscheidung. Für den einen beginnt Betrug erst, wenn es bereits zu Sex oder Intimitäten wie Küssen mit einer anderen Person gekommen ist. Für den andere Personen reicht bereits eine Nachricht. Fakt ist, wer sich betrogen fühlt, kann seinem Partner nicht mehr vertrauen.

Da Diskussionen zu jeder Beziehung dazugehören, sollten Sie auf keinen Fall jeder Streiterei eine Krise zusprechen. Nur, wenn Sie häufig und wiederholt über dieselben Dinge oder Kleinigkeiten diskutieren, könnten dies Symptome dafür sein, dass Ihre Beziehungsprobleme einen tieferen Ursprung haben. In der Schule lernen Sie alles über Erziehung, Mathematik, Geschichte und viele weitere Bereiche. Aber niemand hat Ihnen beigebracht, wie glückliche

Beziehungen geführt werden. Aus diesem Grund ist es verständlich, wenn Fehler gemacht werden. Nur wenn Sie wissen, wie diese Probleme vermieden werden können, können Sie eine erfüllte Beziehung führen. Versuchen Sie, nicht zuzulassen, dass die Spirale, die sich nach unten dreht, weiter vorankommt, sondern unternehmen Sie etwas!

Es gibt aber auch Warnzeichen, dass die Beziehung nicht mehr funktioniert. Wenn Sie lieber bei der Arbeit oder woanders sind als zu Hause bzw. bei Ihrem Partner.

Sie würden Ihren Partner nicht noch einmal wählen oder Ihr Partner hat eine Affäre. Falls Sie auf die Frage „Lieben Sie Ihren Partner?" lange überlegen müssen und Sie wichtige Entscheidungen treffen, ohne sie mit Ihrem Partner zu besprechen. Und zuletzt, wenn es keine gegenseitige Fürsorge mehr gibt, also Sie sich nicht mehr für den Partner oder die Beziehung engagieren.

VERANSCHAULICHUNG VON PROBLEMSITUATIONEN MIT LÖSUNGSANSÄTZEN

Zuvor wurden Problemarten genannt, aber was genau kann man in solch einer Situation konkret unternehmen? Wichtig ist es, Verständnis für den Partner und seine Situation aufzubringen. So sollten Probleme von beiden Seiten betrachtet werden. Sie sollen versuchen, den Konflikt aus der Situation Ihres Partners zu betrachten. Sie müssen sich zunächst selbst Grenzen setzen.

Beispiel: Ihr Partner hat Sie betrogen. In einer solchen Situation ist es für den Betrogenen schwer, sachlich zu bleiben. Aber fragen Sie sich, wieso hat mein Partner mich betrogen? Hat Ihnen Ihr Partner das gestanden oder mussten Sie diese Unannehmlichkeit selbst herausfinden? Liegt Ihnen beiden danach noch etwas an der Beziehung, wäre eine Lösung sich professionelle Hilfe zu suchen. Bei Beziehungsproblemen können verschiedene Formen von Therapien helfen, zum Beispiel eine Paartherapie oder auch eine Eheberatung. Die Therapie kann aber nur dann dabei helfen, wenn beide an der Beziehung arbeiten möchten und sich darauf einlassen. Sie hilft vor allem dabei, tief liegende Ursachen aufzudecken.

Anderes Beispiel: Ihr Partner vergisst eine Verabredung. Sie sind wütend, können keine Ausrede akzeptieren und sind impulsiv geleitet. Versuchen Sie, auch wenn es schwerfällt, langfristig über Ihre Beziehung zu denken, Sie sollten entscheiden, welche „Schlachten" für Sie wert sind, wirklich darauf zu beharren und welche im Grunde genommen belanglos sind. Wenn Sie stets Ihre Beziehung als ganzes Konstrukt vor Augen haben, werden Sie kleinere oder belanglose Auseinandersetzungen mit Ihrem Partner nicht mehr aus der Fassung bringen. Was nicht bedeutet, dass Sie nicht kommunizieren dürfen, dass Sie die vergessene Verabredung nicht schön fanden. Im Gegenteil: Sie sollen äußern, wenn Ihnen etwas nicht gefällt. Dieses Beispiel soll Aussagen: Machen Sie Probleme nicht größer als Sie sind.

Wahrnehmungen und Erwartungen

WELCHE ERWARTUNGEN SIE AN PARTNERSCHAFTEN HABEN

In diesem Abschnitt wird Ihnen aufgezeigt, welche Erwartungen Frauen und Männer an eine Beziehung haben. Erwartungen sind natürlich, Erwartungen hat jeder und Erwartungen sind normal. Schließlich stellen auch Sie an sich selbst Erwartungen. Der Partner sollte diesen entsprechen, gut zu Ihnen passen und Ihnen natürlich gefallen – auch umgekehrt. Aber wann sollten Sie Ihre Erwartungen ein wenig herunterschrauben? Aus Erwartungen sollten keine knallharten Anforderungen werden, auf die Sie auf keinen Fall verzichten können. Denn es heißt: „Den perfekten Partner gibt es nicht, aber es gibt jemanden, der mit all seinen Eigenschaften zu Ihnen passt!"

Für die Elite Partner-Studie hat man 2953 erwachsene deutsche Internetuser gefragt, welche Erwartungen Sie an Beziehungen haben. Frauen möchten in erster Linie einen Partner, mit dem Sie zur Ruhe kommen können. Außerdem wünschen sich 95 %, dass Sie sich in einer Beziehung öffnen und über Gefühle sprechen können. Des Weiteren gaben mindestens 78 % der Frauen an, dass der Partner treu sein soll, man zu Neuem ermutigt werden soll, aber trotzdem ausreichend Freiraum und Zeit für die eigene Persönlichkeit haben möchte. Auch solle man sich durch die Beziehung persönlich weiterentwickeln können, einen besten Freund im anderen haben, eine gemeinsame finanzielle Sicherheit aufbauen und dauerhaft zusammenbleiben, möglichst ein Leben lang. So stellte sich heraus, dass es nicht einfach ist, diesen vielseitigen Erwartungen an eine Beziehung gerecht zu werden.

Deshalb sollten Sie sich fragen: Wo können Sie Kompromisse eingehen? Sind alle Faktoren essenziell wichtig?

Auch Männer haben in dieser Studie alle Erwartungen als wichtig eingestuft. Männer erwarten von Ihrem Partner genau dieselben Eigenschaften.

Viele Menschen denken in Klischees und glauben an die Macht der Rollenbilder. Frauen sprechen Männern die „typisch Mann"- und Männer den Frauen die „typisch Frau"-Eigenschaften zu. Manchmal geschieht dies bewusst, aber oftmals ist dieses Denken auch unterbewusst verankert. Durch die sozialen Medien, Ihr persönliches Umfeld und auch anhand der Erziehung, die Sie genossen haben, kennen Sie es nicht anders. Aus diesem Grund wird es schwieriger, die Erwartungskultur zu durchbrechen. Hier werden einige Beispiele aufgelistet, die dem „typisch Mann"-Sein zugesprochen werden: „Sie gucken Fußball und trinken Bier, Sie sollten der Hauptversorger sein, Sie reden nicht gern über Gefühle und können diese auch nicht zeigen, Sie sind unordentlich und putzen nicht gern, Sie weinen nicht, sind Draufgänger und flirten gern".

Frauen werden Eigenschaften wie: „Sie können nicht parken, geschweige denn Auto fahren, Sie sind kommunikativer als Männer, Sie neigen zu unberechenbaren Stimmungsschwankungen, Sie brauchen lange im Badezimmer, Sie haben keinen Orientierungssinn und Sie wollen erobert werden", zugesprochen. Wichtig ist, dass diese Klischees angesprochen werden. Das Bundesministerium für Familie, Senioren und Jugend zeigt zum Beispiel auf, dass Männer immer mehr als ebenso „treusorgender Vater gesehen werden, der auch im Haushalt Verantwortung übernimmt und gesehen werden will".

Tipps, wie Sie mit Klischees umgehen können
Nehmen Sie die Dinge selbst in die Hand: Wer zahlt das Essen? Zahlen Sie oder Ihr Partner? Damit der Mann nicht denkt, dass er für das Zahlen des Essens verpflichtet ist, könnten Sie Äußerungen wie „Das Essen geht auf mich" anbringen. Sie zeigen so Selbstbewusstsein und Sie handeln aktiv – was wiederum Ihre Attraktivität steigert.

Spielen Sie: Hilfreich ist es, den Klischees bewusst nicht zu entsprechen. Frauen schauen sich nur romantische Komödien an? Schnappen Sie Ihren Partner, gehen Sie ins Kino und zeigen Sie ihm, dass Ihnen keine romantischen Filme, sondern Action Spaß macht! „Männer können keine Gefühle zeigen?" Sprechen Sie mit Ihrer Frau über Gefühle, was Ihnen auf der Seele brennt und suchen Sie das Gespräch!

Sprechen Sie Klischees an: Umso offener Sie damit umgehen, desto schneller können Probleme aufgelöst oder vermieden werden.

AUFFASSUNG VON WAHRER LIEBE ERKENNEN

Sie alle kennen die wahre Liebe aus Geschichten, Filmen und aus Erzählungen.

So wissen Sie, dass wahre Liebe womöglich existiert. Aber wie erkennen Sie die wahre Liebe?

Es gibt unterschiedliche Auffassungen von Liebe, zum Beispiel: Nächstenliebe, Mutterliebe, Geschwisterliebe, Gottesliebe usw. Jede dieser genannten Arten hat etwas mit wahrer Liebe zu tun, aber unter wahrer Liebe stellt man sich etwas anderes vor. Gemeint sind damit Gefühle, die für eine Person empfunden werden, diese einzige Person, die für Sie wichtiger ist als alle anderen. Die Person, die Ihnen ein Gefühl von Vollständigkeit und Perfektion gibt und die Sie bis ans Ende Ihrer letzten Tage begleiten soll. Sie verbindet also zwei Menschen miteinander.

Wahre Liebe erkennen Sie daran, dass Sie den anderen so nehmen, wie er ist, mit all seinen Fehlern und Schwächen. Die wahre Liebe lässt demnach Unterschiede zu. Jeder ist durch seine persönlichen Erfahrungen zu dem Menschen geworden, der er ist. Das sollte Ihnen auch immer bewusst werden. Wahre Liebe wächst auch mit der Zeit. Sie entsteht aus einer Verbindung. Oft wird auch die wahre Liebe mit einem Kribbeln im Bauch verglichen. Aber das muss nicht immer der Fall sein.

Ebenso kann Liebe aus einer Freundschaft heraus entstehen. Für die wahre Liebe muss man sich öffnen. Jeder Mensch wünscht sich die große Liebe von ganzem Herzen und dennoch fürchtet er sie mehr als alles andere, denn man muss sich öffnen, sich anvertrauen und dabei auch noch riskieren, verletzt zu werden. Bedenken Sie: Mauern machen einsam, sie lassen zwar nichts heraus, aber auch niemanden hinein!

Wahre Liebe bedeutet kontinuierliche Arbeit. Sie sollten sich nicht auf dem Gefühl ausruhen, die wahre Liebe bereits gefunden zu haben. Sie muss gepflegt werden, damit sie stabil bleibt. Jeder Partner lernt vom anderen, bleibt wissbegierig und interessiert. Es stellt sich auch die Frage, ob es nur eine wahre Liebe im Leben gibt. Nein! Sie können in Ihrem Leben unterschiedliche Partner wahrhaft lieben, nur nicht gleichzeitig.

Im Laufe einer Beziehung verändert man sich. Wenn zwei Menschen in einer Phase des Lebens perfekt füreinander sind, kann es passieren, dass Sie in der nächsten oder übernächsten nicht mehr zueinanderpassen. Das bedeutet wiederum nicht, dass es keine wahre Liebe war, nur weil Sie sich getrennt haben. In Ihrem Leben haben Sie immer die Chance.

Das Magische daran ist: Wahre Liebe macht glücklich, zutiefst glücklich und zufrieden. Typisch menschlichem Selbstzweifel, Wünschen oder auch Bedürfnissen und Streitereien müssen Sie sich immer gegenüberstellen, auch wenn Sie mit einer Person zusammen sind, die Sie liebt und die Sie lieben. Aber nichts davon beunruhigt Sie auf Dauer.

Wieso? Denn diese Person an Ihrer Seite hat Sie überzeugt, dass sie Ihnen Sicherheit und innere Ruhe gibt, die Sie nur empfinden können. Sie lässt Sie spüren, dass Sie liebenswert und unersetzlich sind. Sie müssen dafür nichts tun oder leisten, als nur Sie selbst zu sein. Und aus diesem Grund ist es sinnvoll, nicht die Liebe aufzugeben, sondern immer und jederzeit offen zu sein.

TIPPS

1. Ist Ihnen die wahre Liebe begegnet, fühlen Sie sich mit Ihrem Partner seelenverwandt.
2. Wahre Liebe erwartet nichts. Sie sollten Ihrem Partner nicht voraussetzen, dass er für Ihr Glück oder Ihre gute Laune verantwortlich ist – und auch umgekehrt.
3. Wahre Liebe verändert den anderen nicht. Akzeptieren Sie Ihren Partner so, wie er ist, mit all seinen Fehlern und Besonderheiten. Lieben Sie Ihren Partner so, wie er ist und nicht ein selbst gemaltes Bild, dass Sie von ihm haben und dem er nicht entspricht.
4. Wahre Liebe gibt Freiheiten. Lassen Sie Ihren Partner das tun, was für ihn gerade wichtig erscheint. Sie können niemals einen Menschen besitzen, auch nicht, weil Sie ihn lieben.

5. Wahre Liebe ist auch aufmerksam. Sehen Sie niemanden als Selbstverständlichkeit in Ihrem Leben. Verfallen Sie nicht in eine Routine, sondern seien Sie aufmerksam, hören Sie sich gegenseitig zu und nehmen Sie Anteil an dem Leben des anderen, auch noch nach Jahren.

6. Kommen Sie sich auf Augenhöhe entgegen. Sie sollten auf die gleiche Weise stark an der Beziehung beteiligt sein.

7. In der Liebe sollten Sie auch nachgeben können. Verzichten Sie auch auf Dinge, die Ihrem Partner wichtig sind. Sie sollen sich nicht verstellen, aber bereit sein, auch einmal zu verzichten, wenn es Ihrem Partner hilft.

8. Wahre Liebe bedeutet auch, gemeinsame Ziele, Werte und Vorstellungen zu entwickeln und zusammen daran zu arbeiten.

Fehlende Kommunikation

RELEVANZ EINER AKTIVEN KOMMUNIKATION

Kennen Sie Paul Watzlawick? Er stellte 5 Grundregeln auf, die die menschliche Kommunikation erklären und ihre Paradoxie zeigen. Bevor es in die Praxis geht, wird eine Regel näher erläutert.

Die wichtigste Aussage, die schon in der Schule gelehrt wurde, heißt: „Man kann nicht nicht kommunizieren". Was sagt das aus? „Jede Kommunikation, nicht nur mit Worten, ist ein Verhalten und genauso wie man sich nicht nicht verhalten kann, kann man auch nicht nicht kommunizieren". Zum Beispiel, wenn eine Frau im Wartebereich eines Arztes sitzt, der Blick ist auf den Boden gerichtet und Sie sagt nichts. Zunächst könnten Sie denken, Sie würde nicht kommunizieren. „Dennoch tut Sie es, indem Sie den anderen Wartenden nonverbal mitteilt, dass sie keinen Kontakt möchte". Um dieses Beispiel auf Beziehungen zu übertragen, könnte auch gesagt werden, wenn Sie Ihrem Partner aus dem Weg gehen oder schweigend auf der Couch sitzen, vermitteln Sie Ihrem Partner, dass Sie nicht reden möchten.

Sie mögen es vielleicht nicht glauben, aber die Qualität einer Beziehung ist auf Qualität der Kommunikation zurückzuführen. Eine offene Kommunikation ist das Wichtigste in einer Beziehung. Wieso? Durch Gespräche zeigen Sie Ihrem Partner, dass er Ihnen wichtig ist. Sie vermitteln, dass Sie wirklich wissen wollen, wie es Ihrem Partner geht und was Ihn bewegt. Viele Probleme entstehen, weil die Kommunikation zwischen Ihnen und Ihrem Partner nicht funktioniert. Es wird nicht miteinander kommuniziert oder nur das nötigste besprochen. Andere haben zwar einen gegenseitigen Austausch, der aber falsch abläuft. Manche machen alles mit sich selbst aus, als mit Ihrem Partner über Ihre Sorgen und

Probleme zu sprechen. Dabei kommt es oft zu Missverständnissen, die zu Streit in einer Beziehung führen. Erkennen Sie sich wieder?

Diese Probleme müssten gar nicht sein, würden Sie besser kommunizieren. Wenn Sie Ihren Partner nicht richtig einschätzen können, nicht wissen, was er wirklich denkt, sagt oder tut, dann ziehen Sie auch automatisch falsche Schlüsse daraus. Dabei ist das Stichwort: emotionale Selbstöffnung. Damit ist gemeint, dass Sie sich gegenseitig Sorgen, Bedürfnisse, Ziele, Erfahrungen und Eindrücke, die Ihnen persönlich wichtig sind, mitteilen. Je häufiger Sie emotionale Selbstöffnung zulassen, desto mehr kann ein Gefühl von Nähe entstehen. Bei der Selbstöffnung sprechen Sie etwas an, das mit Ihren Emotionen verbunden ist, die Sie oder Ihren Partner in der Vergangenheit beschäftigt haben oder sogar heute weiterhin beschäftigen.

Damit Sie oder Ihr Partner sich emotional öffnen können, muss das Gefühl von Vertrauen in Ihrer Beziehung existieren. Ohne dieses Gefühl ist keine Selbstöffnung möglich, weil beide Partner sich selbst und Ihre Emotionen, Wünsche und Schwächen authentisch gegenüberstehen müssen. Wenn das Ihnen gelingt, wird das Fundament für eine glückliche und erfüllte Beziehung geschaffen.

Unter zwei Komponenten bei der Selbstöffnung wird unterschieden: „positive und die negative Selbstöffnung". Beide sind aber von elementarer Bedeutung für die Stärke Ihrer Beziehung. Während der positiven Selbstöffnung werden angenehme Erlebnisse geäußert, die durch positive Emotionen, wie zum Beispiel Stolz oder Freude, geprägt sind. Beispiel: „Es hat mich sehr glücklich gemacht, dass du mich in deiner Mittagspause angerufen hast" oder „Mich freut es sehr, dass du dich immer noch so gut an unser erstes Treffen erinnern kannst". Bei der negativen Selbstöffnung werden unangenehme Erlebnisse gegenüber dem Partner geäußert, wie zum Beispiel Angst oder Trauer. Das kann so aussehen: „Die Arbeit überfordert mich. Ich habe Angst, dass ich all die Aufgaben nicht schaffen werde." Zusammenfassend kann gesagt werden, dass Sie durch die Selbstöffnung Ihrem Partner Ihre echten und wahrhaftigen Gefühle mitteilen können. Nicht nur Ihr Partner freut sich dann darüber, sondern es hilft auch Ihnen, eine erfüllte Beziehung erleben zu können.

Richtig zu kommunizieren kann gelernt werden und ist auch nicht schwer. Übernehmen Sie Eigenverantwortung und machen Sie den ersten Schritt. Vielleicht fühlt es sich am Anfang ungewohnt an, aber bleiben Sie dran und machen Sie immer weiter. Es wird sich lohnen. Integrieren Sie die folgenden Kommunikationstipps in Ihren Alltag:

1. Wenn Sie nicht wissen, worüber Sie reden können, reden Sie trotzdem. Sprechen Sie über Gott und die Welt, Hauptsache, die Kommunikation in der Beziehung kommt wieder in Gang.

2. Binden Sie Ihren Partner in Ihre Gedanken- und Gefühlswelt mit ein, lassen Sie Ihn teilhaben an allem, was Sie erleben.

3. Wecken Sie das Interesse. Sprechen Sie über Inhalte, die Ihren Partner sehr interessieren.

4. Benutzen Sie Ich-bezogene Sätze. Sie oder Ihr Partner kommen in eine negative Grundstimmung, wenn Ihnen der Vorwurf „Du hast aber gesagt ..." oder „Du machst das jedes Mal so" entgegenkommt. Das führt dazu, dass Ihr Partner Ihnen nicht zuhört und nicht mehr sprechen möchte. Versuchen Sie, den Sachverhalt immer

auf sich zu beziehen. Beispiel: „Ich habe mich schlecht gefühlt, als ...“ oder „Mich überfordert es, wenn ...“. Sie zeigen Ihrem Partner, wie Sie sich dabei gefühlt haben oder fühlen.

5. Lassen Sie die Vergangenheit ruhen. Sprechen Sie nicht in Diskussionen alte Geschichten an, denn es geht nicht um Ereignisse, die in der Vergangenheit passiert sind, sondern um die Gegenwart. Wurde die Situation einmal in der Vergangenheit angesprochen und hat Ihr Partner den Fehler eingesehen, so sollte das Frühere nicht Ihre jetzige Thematik betreffen.

6. Hören Sie aufmerksam zu und unterbrechen Sie ihn nicht. Das klingt logisch, aber in Konfliktsituationen neigt man oft dazu, sich verteidigen zu müssen und unterbricht so den Partner. Ihr Partner kommt sich sonst nicht ernst genommen vor.

7. Versuchen Sie, neutral zu bleiben. Ja, es ist schwer, in bestimmten Situationen sachlich zu bleiben. Sie steigern sich schnell hinein und vergessen dabei, nachzudenken. Sie denken dann erst anschließend nach, wenn es zu spät ist. Neutral und sachlich zu bleiben, ist eine der

größten Herausforderungen, wenn es um eine bessere Kommunikation in der Beziehung geht. Sie hat nämlich sehr viel mit starker Selbstdisziplin zu tun.

Auch gibt es Sätze, mit denen Sie Ihre Kommunikation verbessern können:

- „Kannst du mir zeigen, wie …". Bitten Sie Ihren Partner um einen Rat. Wenn Sie Ihren Partner fragen, ob er Ihnen etwas beibringen kann, bedeutet das, dass Sie ihm zugestehen, dass Ihr Partner etwas besser kann als Sie. So loben Sie das Wissen oder seine Fähigkeiten indirekt.
- „Was meinst du?" Nachfragen ist das A und O, um Missverständnisse zu vermeiden. Damit signalisieren Sie, dass Sie sich mit dem Thema auseinandersetzen und es ernst nehmen. Auch wenn Sie sich ärgern, sollten Sie nachfragen – vielleicht hat Ihr Partner es nicht so gemeint, wie Sie es verstanden haben.

- „Du bist gut in …". Weisen Sie Ihren Partner auf Dinge hin, die Ihr Partner eigentlich gut kann. Oft ist es einem selbst nicht bewusst, denn alles, was Ihnen leichtfällt, kommt als selbstverständlich rüber.
- „Danke, dass du … gemacht hast". Sie zeigen, dass Sie das Bemühen Ihres Partners wahrgenommen haben und Ihr Partner freut sich, dass Sie sich freuen.
- „Möchtest du, dass ich …mache?" Fragen Sie nach, was Ihr Partner sich von Ihnen wünscht.

WORK-LOVE-BALANCE

In diesem Kapitel werden Sie über die Work-Love-Balance informiert. Arbeit und Liebe bzw. Beziehungen erfordern viel Zeit. Der Tag hat aber nur 24 Stunden. In diesen 24 Stunden müssen Sie schlafen, essen, 8 Stunden oder mehr arbeiten und möchten Ihren Partner glücklich machen.

Im Alltag kommt meistens eines der Dinge zu kurz. Wenn es in der Beziehung gut läuft, sind Sie motivierter auf der Arbeit und zugänglicher für Überstunden – so die Wissenschaft. Andersherum, wenn es in der Beziehung nicht gut läuft und Sie Ihren Partner vernachlässigt haben, sind Sie nicht so zugänglich für Überstunden und nehmen sich wieder Zeit für Ihre Beziehung. Aber wieso muss eine der beiden Sachen immer darunter leiden? Heißt es, dass man lebt, um zu arbeiten? Oder arbeitet, um zu leben? Erst die Arbeit, dann das Vergnügen?

Die Parship-Studie aus dem Jahr 2018 befragte 1014 Personen zwischen dem 18. und 65. Lebensjahr zum Thema Work-Love-Balance. Die meisten wollen in Ihrem Job gut sein und das bedeutet auch Einsatz zu zeigen. 64 % der Teilnehmer zeigten auf, dass ihr Job sich oft negativ auf die Liebe ausgewirkt hat. Bei 21 % hat der Stress auf der Arbeit zur Beendigung der Beziehung geführt. Nicht eingelöste Versprechen (36 %), wenig Kommunikation (36 %) oder Kommunikation, in der sich nur über den Job unterhalten wird (28 %) gaben Sie ebenfalls an. Die Grenzen zwischen Arbeitswelt und Privatleben, zwischen Begeisterung für den Job und der Liebe zum Partner sind fließender geworden.

Die beiden Faktoren haben jede Menge miteinander zu tun und so gut wie immer spielt der Job bei Beziehungskonflikten eine große Rolle. Der Satz

„Geht doch mal zusammen romantisch essen!", haben Sie diesen schon einmal gehört? Und danach? Ist alles wieder beim Alten?

Natürlich hilft es, wenn Sie zusammen Zeit verbringen, aber das löst nicht das Problem. Um echte Zufriedenheit zu erreichen, müssen Paare sich mit ihren bewussten und unbewussten Vorannahmen, ihren Ängsten und Wünschen, Bedürfnissen und Forderungen bis in die Details des Alltags und ihrer Zukunftsplanung befassen. Das macht eine gute Partnerschaft aus.

Stellen Sie auch ein gutes Zeitmanagement für die Arbeit und Liebe auf. Besprechen Sie Ihre Gefühlslage, zukünftige Aktivitäten und auch gemeinsame Visionen in „Beziehungs-Meetings". Vereinbaren Sie Zeiten, in denen Sie sich konkret nur Zeit für die Beziehung und Kommunikation nehmen. Teilen Sie für die Liebe Ressourcen bewusst ein. Verabreden Sie sich, verschieben Sie dafür nicht erledigte Aufgaben auf den nächsten Tag, egal, ob berufliche oder private, um dann herunterzukommen und die gemeinsame Zeit zu genießen. Love works, die Liebe funktioniert – aber Liebe ist auch Arbeit.

In dem Buch von Stephanie Katerle „Love Works. Job und Liebe gut vereinbaren" gibt es einen Test, um Ihre Work-Love-Balance zu berechnen.

Der Test wurde verändert und dient im Folgenden für eine neutrale Einschätzung. Vergeben Sie sich beim Lesen der Aussagen Punkte von 0 (trifft überhaupt nicht zu) bis 5 (trifft voll zu). Zählen Sie anschließend die Punkte zusammen. Wichtig ist: Nicht zu viel nachdenken!

1. Sie kommen oft durcheinander, weil Sie vielen Anforderungen gerecht werden möchten.
2. Für Ihren Traumberuf müssten Sie Ihre Lebensplanung komplett ändern.
3. Sie nehmen sich für Ihren Partner höchstens einmal pro Woche eingeplante Zeit vor.
4. Ihr Weg zur Arbeit dauert länger als eine Stunde.
5. Mit Ihrem Partner streiten Sie sich oft, weil Sie den Aufgabenverteilungen und der Zeitplanung nicht gerecht werden.
6. Ihr Partner hat ein Kind aus einer vorherigen Beziehung, welches regelmäßig bei Ihnen Zuhause ist.

7. Sie wünschen sich selbst ein Kind.

8. Vor dem Einschlafen denken Sie oft an Ihren Job.

9. Ihre Arbeitskollegen wissen in manchen Lebensphasen mehr über Sie als Ihr Partner.

10. Sie haben durch Ihre Beziehung wenig Raum für Ihre beruflichen Pläne.

11. Sie können schlecht Nein sagen, wenn Sie E-Mails oder Anrufe von Ihren Arbeitskollegen oder Vorgesetzten bekommen.

12. Ihre besten Freunde sind Ihre Arbeitskollegen.

13. Sie schlafen in manchen Nächten schlecht und denken viel nach.

14. Sie haben keine Zeit, um an Ihren Fähigkeiten zu arbeiten.

15. Manchmal denken Sie darüber nach, ob Ihre Beziehung zwischen den beruflichen Anforderungen und privaten Bedürfnissen zu kurz kommt.

Auswertung

0-17 Punkte: Sie gehören zu den wenigen Menschen, die gut im Einklang mit sich selbst und der beruflichen und privaten Umwelt leben. Das, was Sie tun, machen Sie mit Freunde und Spaß.

Auch Sie kennen Momente der Erschöpfung, aber Sie haben ein Zeitmanagement entwickelt, indem Sie genau wissen, wann Sie aufhören und wann Sie sich Zeit für etwas nehmen. Zeigen Sie Ihren Mitmenschen Ihre Tipps und geben Sie gern Ratschläge weiter!

18-35 Punkte: Der Alltag ist für Sie oft eintönig. Sie fragen sich, wie Sie Ihre Lebensfreude wieder zurückgewinnen können. Sie erledigen auch Ihre Aufgaben zufriedenstellend, dennoch fragen Sie sich, ob es das ist, was Sie sich gewünscht haben vom Leben.

Ihr Partner bekommt Ihren Zustand mit und ab und an gibt es unangenehme und unerfreuliche Situationen und Gespräche. Sprechen Sie wieder mit Ihrem Partner über Ihre Gefühle, Träume, Ängste und Hoffnungen. Solche Gespräche sind hilfreich und bringen Paare wieder näher zusammen.

36-53 Punkte: Haben Sie Schlafprobleme und Rückenschmerzen? Haben Sie an Gewicht verloren oder zugenommen und keinen Spaß mehr an Zärtlichkeiten? Manchmal haben Sie das Gefühl, den Anforderungen nicht mehr gerecht zu werden und nicht mehr Sie selbst zu sein. Sie hetzen nur noch von Terminen zu Terminen, von Person zu Person und haben kein ausgewogenes Leben. Auch Ihre Bemühungen zahlen sich nicht aus und laufen meist ins Leere.

Fragen Sie sich, was wollen Sie wirklich? Was tut Ihnen gut und was tut Ihnen nicht gut? Ihr Partner und auch Ihre Arbeit haben sowohl das Recht als auch die Pflicht zu erfahren, was Sie brauchen. Gestehen Sie sich Pausen zu und denken Sie auch mal egoistisch, um sich persönliche Ziele auch zu erlauben. Andere nehmen sich auch die Zeit und ja, auch Ihre Arbeitskollegen.

54-75 Punkte: Sie sind für alle jederzeit da, ständig verfügbar, immer präsent und opfern sich auf. Es gibt Menschen, bei denen man sich fragt, wie Sie das alles schaffen, ohne umzufallen.

Sie verleugnen Ihre Identität und können so auch nicht mit offenem Herzen lieben, obwohl Sie der Held für alle sind. Da hilft nur eins: eine Heldentaten-Abstinenz. Legen Sie alles ab, machen Sie Urlaub zusammen mit Ihren Liebsten und planen Sie Ihr Leben neu. Sie wollen doch in Ihrem Leben präsent sein.

ENTSTEHUNG UND
ÜBERWINDUNG VON EIFERSUCHT

Das Thema Eifersucht begegnet einem oft in der Beziehung. Dem Einen mehr und dem anderen weniger. In diesem Kapitel lernen Sie, wie Eifersucht entstehen kann und vor allem, wie Sie damit selbst oder mit einem eifersüchtigen Partner umgehen können.

Oft wird gesagt, dass Eifersucht mit Liebe zu tun hat oder dass man ohne Eifersucht gar nicht richtig lieben könnte. Ein gesundes Maß an Eifersucht lässt sich im Rahmen des traditionellen, Ihnen bekannten, Partnerschaftsmodells nicht vermeiden. Aus den vorherigen Erkenntnissen wissen Sie, dass Treue einen hohen Wert hat und eine unverzichtbare Voraussetzung einer Beziehung ist. Im Umkehrschluss bedeutet das, wenn Treue eine Erwartung ist, gibt es auch die Möglichkeit der Untreue.

So ist die Eifersucht auch eine Konsequenz von Treue. Schlussfolgernd kann es auf den ersten Blick bedeuten, dass Eifersucht und Treue zusammengehören und sozusagen nur zusammen erhältlich sind. Und da Treue als etwas Positives gesehen wird, ist Eifersucht automatisch auch etwas Gutes. Eifersucht ist eine Reaktion auf einen Entzug von Liebe. Sie tritt auf, wenn der Partner Ihnen nicht die Aufmerksamkeit schenkt, die Sie sich aber wünschen oder erhoffen. Eifersucht wird als eine Reaktion von vielen negativen Gefühlen gesehen, diese werden im Folgenden näher erläutert.

Dazu gehört, verletzt zu sein, eines der häufigsten Gefühle, wenn Ihr Partner beispielsweise ein Versprechen gebrochen hat. Sie fühlen sich verlassen und denken sich, wieso Ihr Partner Ihnen das angetan hat. Angst und Panik entstehen, wenn Sie sich auf die Möglichkeit beziehen, dass Ihr Partner Sie verlassen könnte und Sie somit Ihre Liebe verlieren. Das äußert sich zum Beispiel in Aussagen wie: „Ich kann ohne ihn nicht leben". Wut und Hass verspüren die meisten auf die andere Person, die Sie dafür verantwortlich machen, dass es zum Treuebruch kam oder kommen könnte. Sie kann sich aber auch gegen den Partner richten, der nicht treu gewesen ist.

Auch Misstrauen ist ein Gefühl der Eifersucht. Es handelt sich hierbei um eine allgemein misstrauische Eigenhaltung, in der das Schlimmste erwartet wird, wie das Fremdgehen des Geliebten und das Ende der Beziehung. Oft sinkt das Selbstwertgefühl der eifersüchtigen Person. So fühlen Sie sich minderwertig und versinken in Hilflosigkeit, sodass Sie durch Wut oder Rache Ihr Selbstwertgefühl wiederherzustellen versuchen. Diese Gefühle können Verhaltensweisen als Folge haben: zu toben, gewalttätig zu werden, zu kontrollieren, nachzuspionieren, einen Detektiv zu beauftragen, die Beziehung zu beenden oder auch aus Rache selbst fremdzugehen.

Wenn die Eifersucht gerechtfertigt ist, also der Partner die Untreue herausfindet, fühlt sich der Betrogene, als würde die Welt zusammenbrechen. Andere haben Schlaf- oder Essprobleme, bekommen Depressionen, Panikattacken bis hin zu Selbstmordgedanken. Die Betroffenen fühlen sich erniedrigt, gedemütigt und die Vertrauensbasis geht verloren. Frauen reagieren in dieser Situation oft in geäußerter Wut, Männer hingegen ziehen sich eher zurück. Das Selbstwertgefühl sinkt aber bei beiden.

Auch soziale Netzwerke begünstigen immer mehr, dass wir zur Eifersucht neigen. So einfach war es nie zuvor, jemanden kennenzulernen. Durch Online-Dating-Plattformen, Facebook, Instagram und viele weitere Apps lassen sich schnell und einfach neue Kontakte knüpfen. Das bereitet vielen Menschen Angst und führt zu Kontrollzwängen. Ein

Klick, ein „Gefällt mir" oder ein Kommentar lösen in vielen Beziehungen schon Probleme aus. Wieso ist das so? Menschen neigen dazu, sich mit anderen zu vergleichen. Das heißt, wenn Ihr Partner eine schöne Frau auf Facebook sieht und sich die Seite genauer anschaut, Sie dies erfahren, fangen Sie an zu grübeln. „Bin ich zu dick? Hat sie schönere Haare? Hat sie einen besseren Beruf?" – sind Fragen, die häufig bei Frauen auftreten. Aber auch Männer vergleichen sich untereinander. Eins sei gesagt: Wenn Ihr Partner Sie betrügen möchte, egal, ob Frau oder Mann, wird diese Person es machen.

Das Internet begünstigt ein solches Verhalten nicht. Zudem sollten Sie in Ihrer Beziehung schauen und sich die Frage stellen: „Wieso sollte mein Partner mich betrügen? Was kann ich ihm nicht bieten, was er dann bei anderen Frauen sucht?". Sollte es Gründe geben, versuchen Sie doch an Ihrer Beziehung zu arbeiten. Sollte er Sie ohne jeglichen Grund betrügen, können Sie froh sein, einen solchen Menschen nicht mehr in Ihrem Leben haben zu müssen.

Wie können Sie also die Eifersucht überwinden? Und gesprochen ist nicht von einem Maß an Eifersucht, sondern von Extremsituationen. Schaffen Sie sich einen klaren Kopf, erkennen Sie Ihren eigenen Wert und das Wichtigste: Seien Sie sich gegenüber ehrlich! Erkennen Sie Ihre Eifersucht an. Es gibt wenige Paare, die nicht mindestens einmal das Gefühl oder Situationen von Eifersucht verspürt haben. Eifersucht signalisiert Ihnen, dass Sie in dem Moment Angst haben, Ihren Partner zu verlieren. Das ist okay. Aber verlieren Sie sich nicht dabei und lassen Sie diesen Moment auch nur einen Moment sein. Hinterfragen Sie Ihre Gedanken. Machen Sie sich bewusst, dass die Eifersucht durch Gedanken ausgelöst wird, die Sie sich zunächst einbilden und denen zu folgen Sie sich entscheiden. Sie verfallen in kontrollierendes Verhalten und es entsteht Streit. Auch schaden Sie so Ihrer Beziehung. Wenn Sie merken, dass Sie aus dem Gedankenfluss nicht herauskommen, rufen Sie laut „Stopp". Sie unterbrechen somit Ihre Gedanken und positionieren sich nicht mehr in eine Opferrolle, in der Sie sich ungeliebt und hintergangen fühlen. Beginnen Sie mit einer Neubewertung Ihrer Gedanken. Sind die Dinge so schlimm, wie Sie sich diese vorstellen? Treffen Sie bewusste Entscheidungen. Wenn Sie das Bedürfnis nach Gewissheit verspüren, sprechen Sie mit Ihrem Partner.

Langfristig müssen Sie gezielter auf sich schauen, wenn Sie sich einen gesunden Umgang mit Ihrer Eifersucht wünschen. Der Grund, wieso manche Situationen Ihre Angst auslösen, sind meist negative Erlebnisse aus Ihrer Vergangenheit. Vielleicht wurden Sie betrogen oder Sie wurden von Ihrer besten Freundin oder Ihrem besten Freund hintergangen. Schauen Sie sich die Situationen noch einmal genau an. Stärken Sie Ihr Selbstwertgefühl. Vertrauen ist in einer Beziehung einer der wichtigsten Bausteine. Sie müssen lernen oder wieder lernen, zu vertrauen. Die Stärkung des Vertrauens stärkt auch Ihr Selbstwertgefühl. Lernen Sie sich selbst kennen und denken Sie an Ihre Stärken und Ihre Liebenswürdigkeit. „Lernen Sie, sich selbst zu lieben".

Selbstliebe

AKZEPTANZ SEINES SELBST

Für eine zufriedene Beziehung ist die Selbstverantwortung die beste Lösung. Dies fängt schon bei kleinen Dingen an. Die leichteste Reaktion auf Probleme ist es, andere verantwortlich zu machen, wie es uns geht.

In den meisten Fällen läuft es so, dass, wenn Sie etwas erleben, was Ihnen nicht gefällt (zum Beispiel, wenn der Partner zu spät gekommen ist), Sie darauf verärgert reagieren. Das bedeutet im Umkehrschluss: Die Ursache liegt an jemand anderen, wenn die Ursache verändert wird, geht es Ihnen besser. Aber wieso muss der andere sich verändern, damit Sie sich besser fühlen? Der Weg ist einfach und oft wurde diese Methode schlichtweg beigebracht. Sie kennen es also gar nicht anders. Der schwierigere, aber effektivere Weg ist, sich mit sich selbst auseinanderzusetzen.

Konkret bedeutet das: Sie müssen lernen, sich zu akzeptieren – auch mit Ihren Fehlern. Zunächst ist es bedeutsam zu erkennen. Verletzungen, Wunden aus Ihrer Lebensgeschichte sind der Kern dafür, wie leicht oder schwer eine Beziehung für Sie ist.

Je mehr Sie sich mit Ihrer Persönlichkeitsentwicklung auseinandersetzen, desto weniger Schwierigkeiten werden Sie in Ihrer Beziehung erleben. Der zweite Punkt sind die Wünsche. In welchen Situationen möchten Sie anders fühlen oder reagieren?

Notieren Sie sich die Themen, die Sie am meisten verärgern. Zum Beispiel: In Zukunft möchte ich gelassener auf das Zuspätkommen meines Partners reagieren und mich nicht persönlich angegriffen fühlen. So können Situationen einfacher und schneller gelöst werden.

Der letzte Punkt lautet: Einfach machen! Je mehr Sie in Ihre Partnerschaft investieren, desto mehr wird mit der Zeit von Ihrem Partner zurückkommen.

Behalten Sie diese Gedanken im Kopf:

- Wenn Sie es schaffen, immer so zu entscheiden, damit es Ihnen gut geht, dann müssen Sie auch Ihrem Partner erlauben, dass er es genauso macht.
- Sie müssen erkennen, dass die Entscheidungen Ihres Partners nicht gegen Sie gerichtet sind, um Ihnen eins auszuwischen.
- Weil Sie wissen, was es Ihnen bringt, wenn Sie sich „für sich" entscheiden, können Sie es auch Ihrem Partner zugestehen.

LERNEN, SICH SELBST ZU LIEBEN

Nach diesem Kapitel werden Sie wissen, wieso es wichtig ist, sich selbst zu lieben. Wenn Sie sich selbst nicht lieben, wie können Sie es dann von Ihrem Partner erwarten?

Sie müssen in Ihrem Partner nicht das suchen, was Sie erfüllt. Sie müssen schon erfüllt sein. Glücklich sein bedeutet, mit sich selbst so im Reinen zu sein, dass Sie nicht Ihr Glück von jemand anderem abhängig machen. Wenn ein Mann oder eine Frau in

Ihr Leben eintreten darf, darf er an Ihrem Glück und an Ihrer Liebe teilhaben. Aber Ihr Partner sollte nicht der Grund für Ihr Glücksgefühl sein.

Sich selbst zu lieben bedeutet aber nicht, ein Narzisst zu sein, der selbstverliebt in den Spiegel schaut und sich nicht für andere interessiert. Es bedeutet, sich selbst ebenso zu behandeln, wie man seinen Partner behandelt und selbst behandelt werden möchte. Vorteile von gesunder Selbstliebe sind: Sie werden innerlich ruhiger, entspannter und glücklicher. Stress und Ärger prallen von Ihnen ab und Sie fühlen sich nicht durch Kritik oder negative Äußerungen persönlich angegriffen. Automatisch gehen Sie auch liebevoller mit anderen um und sind in Ihrer Beziehung gelassener.

6 Tipps für mehr Selbstliebe:
1. Stärken Sie selbst Ihren Rücken und sprechen Sie sich Mut zu, wenn Sie zweifeln oder am Verzweifeln sind.
2. Haben Sie Geduld. Seien Sie nachsichtig, wenn Sie etwas in Ihrer Beziehung ändern möchten und es nicht auf Anhieb funktioniert.
3. Loben Sie sich selbst – auch für kleinste Fortschritte. Kritik zieht Sie runter, Lob baut Sie auf.

4. Machen Sie sich bewusst, dass alle Schwächen und Fehler haben. Sie werden durch Kritik nicht besser – seien Sie also toleranter mit sich, Ihren Fehlern und Ihren Schwächen.

5. Schenken Sie sich ein Lächeln. Zum Beispiel: Wann immer Sie in den Spiegel schauen, lächeln Sie sich selbst liebevoll zu.

6. Seien Sie sich selbst ein guter Freund. Gute Freunde unterstützen sich, bauen auf und motivieren sich, gute Freunde haben auch ein offenes Ohr.

Selbstliebe ist wichtig. Selbstliebe hat nichts mit Egoismus zu tun, es ist genau das Gegenteil. Wenn Sie sich wahrlich selbst lieben, dann werden Sie zum großzügigen Geber ohne Hintergedanken. Machen Sie sich zu Ihrer ersten Priorität. Sie werden feststellen, je mehr Sie sich selbst lieben, desto mehr werden Sie auch geliebt.

Fragen zum Nachdenken

Wie wollen Sie jemals für andere da sein, wenn es Ihnen selbst nicht gut geht?

Wie wollen Sie Liebe teilen, wenn Sie selbst keine besitzen?

Wie wollen Sie jemandem Energie geben, wenn Sie selbst keine haben?

Erfüllende Intimität erleben

BEDEUTUNG

Wenn die Phase der Verliebtheit vorbei ist und sich ein gemeinsames Beziehungsleben entwickelt hat, wird oft der Sex weniger. Der Alltag überrumpelt einen öfter und das Sexleben gehört zu einem routinierten Ablauf mit weniger Spontanität und Abwechslung.

Oft ist das für viele in der Beziehung in Ordnung, aber es kommt auch vor, dass Sie oder auch Sie und Ihr Partner immer unzufriedener werden und sich fragen: Ist die Beziehung eingeschlafen? Sie fragen sich: Habe ich noch genug Sex? Ist Sex vielleicht sogar nicht wichtig? Und wenn ja – ist das okay?

Was die Wichtigkeit von Intimität in Beziehungen angeht, gibt es viele Erkenntnisse. Einige Wissenschaftler fanden heraus, dass genug Sex zu einer guten Beziehung führt. Andere Wissenschaftler wiederum sagen, dass es wichtigere Dinge gibt und es in Ordnung ist. Wiederum sei Sex, also der eigentliche Akt, nicht ausschlaggebend für Zufriedenheit, sondern fehlende Berührungen, Küsse und Zärtlichkeiten würden für Unzufriedenheit sorgen.

Das Hormon Oxytocin ist als „Kuschelhormon" bekannt und wird ausgeschüttet, wenn es zu Körperkontakten kommt. Das heißt auch beim Händchenhalten und Küssen. „Das Hormon ist für die Bindung in einer Beziehung zuständig, da Sie so mit Ihrem Partner eng verbunden sind". Sex ist dabei eine stärkere Form von Körperkontakt. Diese Berührungen, die Hingabe und die gemeinsam empfundene Lust schaffen eine Bindung zwischen den Partnern. Paare können beim Sex zeigen, dass sie sich lieben und schätzen, das ist wichtig für das Glück, welches empfunden wird. Während Sie intim werden, werden stressbedingte Hormone abgebaut und Sie können sich dabei gemeinsam entspannen.

Aber wie viel Sex in einer Beziehung ist

eigentlich normal? Das Thema Sex sagt nicht aus, was normal oder unnormal ist. Jeder Mensch hat unterschiedliche Gefühle, was die Lust betrifft. Alles, womit Sie und Ihr Partner sich wohlfühlen, ist gut. Deutsche Paare haben im Schnitt zweimal pro Woche Sex, wobei der Schnitt in den ersten Beziehungsjahren höher ist. Andere Studien zeigen auf, dass in Langzeitbeziehungen der Sex immer weniger wird, aber dafür besser.

Wie Sie in den Kapiteln zuvor schon gelernt haben, ist Kommunikation einer der wichtigsten Kernpunkte für eine erfüllte Beziehung. Auch im Sexleben hilft die Kommunikation, indem Sie sich austauschen, wie Sie über Ihr Sexleben denken. Wenn Sie beide oder auch nur einer unzufrieden sind, können Sie gemeinsam etwas ändern. Sie werden dann auch herausfinden, ob die Meinung dazu auseinandergeht und dann können Sie gemeinsam hinterfragen, woran das liegt.

Manchen reicht es, wenn es alle zwei Wochen zu Sex kommt und andere wollen mindestens viermal pro Woche mit Ihrem Partner schlafen. Ob Männer oder Frauen ein stärkeres Bedürfnis aufzeigen, kann nicht pauschalisiert werden. Nichtsdestotrotz ist die

Kommunikation der Schlüssel zu allem. Ansonsten kann Unausgesprochenes zu Zweifeln führen. Sie oder Ihr Partner könnten sich fragen: Findet mein Partner mich nicht mehr attraktiv? Habe ich etwas Verkehrtes gemacht? Werde ich nicht mehr geliebt oder liebt mein Partner jemand anderen? Diese Fragen können frühzeitig geklärt werden.

Studien haben auch ergeben, dass die Qualität beim Sex wichtiger ist als die Quantität. Laut einer Studie gaben 61 % der Männer an, dass Sie immer zum Höhepunkt kommen. Bei den Frauen lag der Wert nur bei 17 %. Körperliche Befriedigung spielt eine wichtige Rolle und damit ist auch ein Orgasmus gemeint. Dennoch ist Lust und Spaß nicht für jeden damit verbunden. Auch hier müssen Sie immer individuell schauen. Wer erfüllenden Sex hat, auch wenn er selten ist, kann in einer Beziehung glücklicher sein als ein anderer, der viel öfter Sex hat, aber dieser nicht erfüllend ist. Sie sollten in diesem Fall über Ihre Wünsche und Probleme im Bett sprechen, um Ihr Sexualleben zu verbessern.

TIPPS UND RATSCHLÄGE

Jeder Mensch hat individuelle Vorlieben und Vorzüge. In diesem Kapitel können die Tipps und Ratschläge noch individuell angepasst angewandt werden. Wenn Sie Ihr Sexleben verbessern oder wieder neu erwecken möchten, probieren Sie gern den einen oder anderen Ratschlag aus.

Begonnen wird mit der Verführung. Sie kennen Ihren Partner am besten. Es gilt, den Geschmack zu treffen. Mag es Ihre Partnerin gern romantisch? Dann führen Sie sie aus und überraschen Sie Ihre Partnerin. Sie sollten auch beachten, wann Ihr Partner am ehesten Sex haben möchte. Das kann sich durch den Jobwechsel oder eine neue Tätigkeit geändert haben. Stellen Sie sich vor, welchen Film Ihr Partner sich gern ansieht, welches Parfüm stimuliert die Sinne Ihres Partners? Das alles kann bei einer Verführung helfen.

Die meisten Männer kommen zum Höhepunkt, aber auch da kann individuell geschaut werden, was wünscht sich Ihr Partner? Orgasmus-Probleme sind oftmals aber bei Frauen bekannt. Auch dafür gibt es Tipps. Sie können für Entspannung sorgen. Denn Wissenschaftler sagen, dass „Entspannung der wichtigste Faktor für den weiblichen Orgasmus ist". Verbreiten Sie keine Hektik, machen Sie Kerzen an oder spielen Sie Musik ab. Auch fanden Forscher heraus: „Je deutlicher Sie vermitteln, dass Sie geduldig sind, desto leichter ist es für Ihre Partnerin, sich fallen zu lassen". Küssen Sie mit Leidenschaft oder geben Sie Massagen, denn das weckt das Verlangen. Geben Sie auch Sicherheit. Eine weitere These war, dass „viele Frauen sich zu viele Gedanken über Ihr Äußeres machen und sich nackt unsicher fühlen". Versuchen Sie, die Angst zu nehmen, indem Sie Komplimente machen.

Rollenspiele entfachen bei vielen Paaren eine neue Seite. Sie lernen sich anders kennen. Sprechen Sie über Wünsche und Ideen. Das erfordert aber Vertrauen. Lassen Sie Ihren Fantasien freien Lauf. Das Rollenspiel kann aber nur gelingen, wenn es beiden gefällt. Rollenspiele gehören zu den intimsten Erlebnissen. Es kann also beim ersten Mal Überwindung kosten, die gerechtfertigt ist, um sich auf eine nicht bekannte Situation einlassen zu können. Sie können auch langsamer anfangen, wenn Sie einfach die Dominanz-Verhältnisse tauschen. Wenn also Ihr Partner oder Ihre Partnerin das Kommando übernimmt, nehmen Sie diese Rolle an. Spielzeuge können sinnlich unterstützen. Seien es Sex-Toys, Schokolade, Alkohol. Was beim Alltagssex nicht genutzt wird, hilft Ihnen, in eine neue Rolle zu gelangen. Und das Wichtigste: Lassen Sie den Humor ins Bett. Vergessen Sie nicht, dass Sie in erster Linie Spaß haben sollten.

Ein anderer Tipp ist es, Sex nach einem Zeitplan einzurichten. Das hört sich auf den ersten Blick unerotisch an, kann aber Wunder bewirken. Forscher fanden heraus, dass, wenn sich Paare verabreden und sogar bis zu einer gewissen vereinbarten Uhrzeit warten, kann die Lust an Sex noch mehr entfacht werden.

Dankbarkeit

NEHMEN UND GEBEN

Im Alltag verschwindet oft der dankbare Blick für das, was Sie an Ihrem Partner schätzen und was somit auch gleichzeitig Ihr Leben bereichert. Das ist schade, weil Dankbarkeit für das, was Sie haben, ein wichtiger Schlüssel zu einem glücklichen und zufriedenen Leben ist.

Wenn Sie immer nur im Hinterkopf haben, was Sie gerade nicht bekommen, entgeht Ihnen all das, was Sie bereits haben.

Dankbare Menschen sind mit ihrem Leben zufriedener und hoffnungsvoller. Sie zeigen auch ein größeres Sozialverhalten, helfen also anderen bei Problemen, bieten emotionale Unterstützung an. Dankbare Menschen leiden seltener unter depressiven Verstimmungen und verwirklichen mehr Lebensziele als andere. Nutzen Sie die Dankbarkeit für Ihre Beziehung.

Notieren Sie sich an jedem Tag ein Erlebnis, für das Sie dankbar sind. War der Spaziergang mit Ihrer Partnerin nicht erholsam und besser als allein? War das schöne Essen nicht eine Freude? Dankbarkeit lässt sich in jeder Situation äußern. Gehen Sie dazu noch einen Schritt weiter. Denken Sie im Verlauf des Tages mehrfach an das, was Sie gestern in Ihrer Beziehung erfreut hat. Sagen Sie anschließend jeden Tag dem anderen, was Sie gestern in Ihrer Beziehung erfreut hat. Achten Sie am Ende der Woche auf Ihr Wohlbefinden in Ihrer Beziehung. Sie werden einen Stimmungswandel verspüren.

In jeder Beziehung wird es eine gebende und eine nehmende Person geben. Jeder hat ein Beziehungskonto, dass in Gedanken geführt wird. Zum Glück auch unbewusst! Wer zahlt in der Beziehung was? Wer gibt wie viel Liebe und investiert Energie in die Beziehung? Wer nimmt sich Zeit für den anderen? Die meisten beschäftigen sich mit diesem Beziehungskonto erst, wenn ein Ungleichgewicht herrscht. Jedoch ist es so wichtig, ein Gleichgewicht

zu finden und nicht in nur den einen Part zu verfallen.

Der Wissenschaftler Adam Grant nennt dies „Informationsdiskrepanz" und stellt fest: „Wir haben mehr Zugang zu Informationen über unsere eigenen Beiträge (in einer Beziehung) als über die Beiträge anderer. Unsere eigenen Bemühungen sind uns samt und sonders bewusst, aber die Bemühungen unserer Partner bekommen wir nur zum Teil mit". Konkret heißt das, dass Ihnen nur etwa 80 % bewusst sind.

Wenn Sie bewusst auf die Verhältnismäßigkeit von Nehmen und Geben achten, bemerken Sie die restlichen 20 % nicht, sie bleiben unsichtbar. Fragen Sie sich: Könnte es eventuell sein, dass Sie etwas übersehen? Andersherum ist es auch so. Nicht für alles bedankt sich Ihr Partner, weil Ihr Partner auch nur 80 % bemerkt, die Sie geben. Diese Informationsdiskrepanz können Sie nicht einfach abschalten.

Sie brauchen das Gefühl, dass es keinen Unterschied macht, welcher von beiden Parts Sie sind und dass Sie Geber und Nehmer zur selben Zeit sein können. Zusammenarbeit ermöglicht, dass Sie wissen, dass Sie geliebt, umsorgt, geschätzt und geschützt werden. Diese Sicherheit löst ein Gefühl von

Zugehörigkeit aus. Es gibt Personen, die naturbedingt Geber sind. Sie geben einen Teil von sich ab und verstehen von dieser Eigenschaft auch die Beziehungen. Das Geben schenkt dann mehr Selbstvertrauen. Diese Umstände können bezwecken, dass Ihr Partner, derjenige der die Nehmer-Rolle einnimmt, sich unwohl fühlt. Das kann davonkommen, dass Sie als Geber aufmerksam sind, Ihrem Partner einen Gefallen tun und sich Ihrem Empfinden nach aufopfern, ohne dass es von Ihrem Partner gewünscht wird.

Dann ist es möglich, dass der Geber, also Sie, feststellen, dass Ihre Handlungen nicht geschätzt oder anerkannt werden und alles, was Sie an Zeit investiert haben, werden Sie nicht zurückbekommen. Sie denken sich dann, dass es nicht sinnvoll war und Ihr Selbstvertrauen kann verschwinden. Manchmal verbringen Menschen so viel Zeit damit, immer in die Geber-Rolle zu schlüpfen, dass Sie vergessen, was es heißt, auch einmal zu nehmen. Auch umgekehrt geschieht das Gleiche.

Sie sollten sich aber nicht den Kopf zerbrechen und von einer 50:50-Aufteilung besessen sein. Beispielsweise können emotionale Menschen sehr viel Liebe, Wärme und Nähe geben. Wenn sich solch eine

Person einen Partner sucht, der eher den rationalen Part der Beziehung abdeckt, wird dieser auf eine vollkommen andere Weise etwas zurückgeben.

Er ist vielleicht der perfekte Zuhörer, Problemlöser oder kann organisatorische Dinge besser und gibt auf diese Weise etwas zurück. Eine Balance zu finden ist wichtig. Menschen geben nämlich auf unterschiedliche Weise und zu unterschiedlichen Zeiten. Sie sollten wissen, dass Gegenseitigkeit in Ihrer Beziehung existiert. Dass Ihr Partner für Sie da ist und das, was Sie gern von Herzen geben, zurückgegeben wird, wenn Sie es selbst brauchen.

Versuchen Sie, nicht in eine Erwartungskultur zu gelangen. Nicht immer, wenn man etwas gibt, sollten Sie davon ausgehen oder erwarten, etwas zurückzubekommen. Dazu gehört zum Beispiel auch, einer Freundin oder einem Freund mit den richtigen Fragen zur Seite zu stehen, ein gutes Essen überraschend für Ihre Liebsten zuzubereiten, ohne eine Retoure-Einladung zu erwarten.

Auch Wissen weiterzugeben, im Bewusstsein, dass es andere Menschen weiterbringt und aufrichtig zuzuhören. Das waren nur einige kleine Beispiele, um das Gefühl des Gebens, ohne etwas im Gegenzug zu verlangen, in den Alltag einzubauen. Und Ihr Geben wird sich auszahlen, auch wenn es auf einer anderen Ebene ist. Bei zwei Liebenden geht es auch um unterschiedliche Persönlichkeiten, behalten Sie dies stets im Hinterkopf.

Der eine Partner braucht mehr Nähe, während sich der andere mehr Freiraum wünscht. Durch die Persönlichkeit des Partners können aber keine Rückschlüsse auf die Intensität der Liebe gezogen werden. Interessanterweise kann es auch vorkommen, dass beide Partner das Gefühl haben, mehr zu geben als der andere.

Wie schon in dem Kapitel Kommunikation erwähnt, hilft ein klärendes Gespräch immer besser, als sich nur Gedanken zu machen.

WERTSCHÄTZUNG

Wertschätzung ist ein sehr tief liegender Bereich. Wenn Ihr Partner den Dachboden entrümpelt, loben Sie ihn. Wenn Sie aber Wertschätzung zeigen wollen, müssen Sie sich auf die Person, also Ihren Partner, beziehen. Damit ist gemeint, nur die Person, die Art, wie er ist. Wenn Sie gelobt werden, sind Sie austauschbar. Ein anderer Mensch könnte auch Ihren Dachboden entrümpeln.

Wertschätzung geht also viel tiefer: Es geht um den Wert, den Sie für jemanden darstellen, als ganzes Wesen. Fehlende Wertschätzung in einer Beziehung zerstört die Liebe, auf beiden Seiten. Liebe kommt nicht ohne Wertschätzung aus. Im Grunde geht es neben der Bewunderung in erster Linie um Achtung und Respekt. Sie sollen lernen zu erkennen, warum genau Wertschätzung in einer Beziehung so grundlegend ist, und darauf zu achten, wie es passieren kann, dass Sie Wertschätzung aktiv vermitteln können.

Schenken Sie Ihrem Partner Wertschätzung, obwohl Sie selbst darauf warten. Beginnen Sie auch, sich selbst wertzuschätzen und setzen Sie Grenzen, wenn Sie sich anhaltend von Ihrem Partner nicht respektiert fühlen.

In einer Beziehung zeigen Sie sich und muten sich selbst immer wieder Dinge zu. Kommt darauf keine positive Rückmeldung, dann fühlen Sie sich nicht angenommen. So führt fehlende Wertschätzung dazu, dass Sie sich zurückziehen, weil Sie kein Vertrauen empfinden. William James sagte: „Das tiefste Prinzip der menschlichen Natur ist die Sehnsucht nach Anerkennung". Von Ihrem Partner wertgeschätzt zu werden, ist ein Bedürfnis, das Ihnen zusteht. Auch im Allgemeinen geht es im Leben doch immer um Liebe, Dankbarkeit und Wertschätzung.

Es ist ein Zeichen und gleichzeitig ein Merkmal, was eine glückliche und erfüllte Beziehung ausmacht. Sie möchten auch für Ihren Partner bedeutungsvoll, besonders und nicht leicht ersetzbar sein. Wenn Sie einander wertschätzen wollen, obwohl Sie unterschiedlich sind, brauchen Sie eine Antwort auf die Frage „Was macht diesen Unterschied wertvoll?". Es gibt drei Effekte von Wertschätzung in einer Beziehung.

Der erste Effekt ist, dass Sie auf Positives achten, weil Sie den Wert Ihres Partners schätzen, statt die Aufmerksamkeit auf die Schwächen zu richten. So führen Sie sich auch vor Augen, welchen Wert Ihr Partner hat, wenn Sie Ihrem Partner Ihre Anerkennung zeigen. Wenn Sie Wertvolles in Ihrem Leben haben, umsorgen Sie es und pflegen Sie Ihre Beziehung weiter. Das erzeugt als Nebeneffekt auch Dankbarkeit, die Sie ausstrahlen. Wiederum das, was Sie ausstrahlen, kommt auch zu Ihnen zurück.

Zweitens gibt es den Effekt, wenn Sie Ihren Partner wertschätzen, machen Sie damit deutlich, dass Sie Ihren Partner so lieben, wie er ist. Ihr Partner spürt die Auswirkung, denn wenn Ihr Partner sich angenommen fühlt, wird Ihre Verbindung gestärkt und das spiegelt wiederum das Gefühl von Vertrauen und Sicherheit wider. Ihr Partner öffnet sich dementsprechend auch Ihnen gegenüber.

Drittens schenkt Wertschätzung langfristig Gelassenheit und löst Konflikte, wenn es einmal in Ihrer Beziehung zu Konflikten kommt. Wenn Sie wertschätzen, verlieren Themen, über die Sie sich streiten, an Relevanz und stellen keine Probleme mehr dar. Letztendlich sorgt es dafür, dass in der Beziehung Sie als Paar sich als Team anerkennen und das ist auf Dauer wichtig für eine glückliche Beziehung. Es gibt viele Arten der Wertschätzung. Überprüfen Sie, wofür Sie von Ihrem Partner Wertschätzung erhalten:

- wenn Sie Zeit schenken
- wenn Sie aufmerksam sind und zuhören
- für Ihre Ehrlichkeit und Offenheit

- wenn Sie mit Ihrem Partner teilen, was in Ihnen vorgeht.
- wenn Sie die Intimsphäre Ihres Partners achten und persönliche Grenzen respektieren.
- für Ihr Einfühlungsvermögen, dass Sie um Verzeihung bitten können, zärtlich sind, Ihren Partner bei der Weiterentwicklung unterstützen, in Wünsche, Erfolge sowie Interessen einbeziehen.
- wenn Sie um die Meinung Ihres Partners fragen, Ihren Partner stärken, helfen, unterstützen oder um Hilfe und Unterstützung bitten.
- wenn Sie das Denken, Fühlen und Handeln Ihres Partners respektieren und neugierig auf den anderen zugehen, die Gedanken Ihres Partners nachvollziehen und versuchen, Ihren Partner zu verstehen.

Hinter all den genannten Punkten steckt Wertschätzung. Das heißt, dass Sie Ihren Partner genauso wichtig nehmen wie sich selbst.

Beantworten Sie auch die im Folgenden genannten Sätze für sich selbst, machen Sie sich Stichpunkte
und schauen Sie, wie es im Einzelnen bei Ihnen in
der Beziehung aussieht.

- Wie äußert Ihr Partner in Ihrer Beziehung An-
  erkennung und Wertschätzung?
- Welche Bedürfnisse erfüllen sich dadurch bei
  Ihnen?
- Welche schönen Gefühle entstehen dann?
- Was fehlt Ihnen genau an Wertschätzung in Ih-
  rer Beziehung? Wie könnten Sie das anspre-
  chen?
- Wo und wann geben Sie Ihrem Partner Wert-
  schätzung?
- Was können Sie zusätzlich entgegenbringen?
  Wo, wann und wodurch genau?

Es stellt sich zudem die Frage: Wie erkennen Sie fehlende Wertschätzung? Und ist es wirklich so? Kränkt
Sie Ihr Partner absichtlich und respektiert Ihr Partner Sie nicht mehr? Wie sicher können Sie sich sein,
dass es auch so ist?

Nicht jede Unachtsamkeit ist als fehlende Wertschätzung zu sehen. Manchmal ist es auch Interpretationssache oder einfach ein Missverständnis. Im Laufe einer längeren Beziehung kann es vorkommen, dass Sie sich weniger bemühen, weil die Beziehung selbstverständlicher geworden ist.

Bestimmt schätzen Sie sich gegenseitig und lieben sich auch, aber zeigen es nicht so deutlich, weil die Routine und der Alltag eingekehrt sind. Auch hier sprechen Sie über diese Fragen doch zusammen mit Ihrem Partner. Lassen Sie Ihren Partner erklären, wie Ihr Partner es sieht und erarbeiten Sie zusammen Lösungen.

Wertschätzung setzt auch Großzügigkeit voraus. Nur, wenn Sie gegenüber Ihrem Partner großzügig sind, können Sie auch sich selbst gegenüber großzügig sein. Keine Wertschätzung gegenüber Ihrem Partner ist auch fehlende Wertschätzung gegenüber sich selbst.

Ishin Yoshimoto, ein japanischer Geschäftsmann, stellte drei Fragen auf, die hier an der Stelle sehr gut passen. Über die dritte Frage sollten Sie genau nachdenken.

1. „Was habe ich von meinem Partner/meiner Partnerin trotz allem bekommen?"
2. „Was habe ich ihm/ihr gegeben?"
3. „Welche Schwierigkeiten habe ich ihm/ihr bereitet?"

Nach der Beantwortung fragen Sie sich noch einmal: „Wo können Sie ein Teil der Veränderung sein?" Umzudenken erfordert eine besondere Haltung und die, dass Ihr Partner auch einen Grund für gewisse Dinge haben wird. Und so ein Gedankengang erfordert Größe von Ihnen. Paul Watzlawick sagte:

„Wenn du immer wieder das tust, was du immer schon getan hast, dann wirst du immer wieder das bekommen, was du immer schon bekommen hast. Wenn du etwas anderes haben willst, musst du etwas anderes tun! Und wenn das, was du tust, Dich nicht weiterbringt, dann tu etwas völlig anderes – statt mehr von gleichen Falschen."

Wenn Sie sich schlecht behandelt fühlen, werden Sie aktiv. Setzen Sie eine Grenze und sagen Sie „Stopp! Das verletzt mich gerade!" Zeigen Sie Initiative, wenn Sie sich mehr Wertschätzung in Ihrer Beziehung wünschen. Wertschätzung ist ein Teil der Beziehungspflege. Ohne sie verkümmert eine Beziehung, ohne dass es bemerkt wird. Zu guter Letzt: Die Wertschätzung, die Sie Ihrem Partner schenken, wirkt sich auf vielfältige Weise auf Sie aus. Sie gewinnen, wenn Sie Ihren Partner wertschätzen. Dies sind die letzten Gedankenanregungen, die Sie reflektieren können:

Sie richten den Blick darauf, was in Ihrer Partnerschaft funktioniert, anstatt auf die Probleme zwischen Ihnen. Diese Sichtweise geht häufig im Alltag und vor allem in Krisen unter.

Sie machen sich selbst wieder bewusst, was Sie am anderen lieben und wie wichtig Ihnen die Beziehung ist.

Wenn Sie den Wert Ihrer Beziehung erkennen, sorgen Sie dafür, dass die Liebe bestehen bleibt.

Sie empfinden Dankbarkeit in Ihrer Beziehung. Dankbarkeit macht Glücksempfinden aus.

Wenn Sie selbst glücklich sind, dann strahlen Sie das auch aus.

Was wäre heute der erste Schritt in die Richtung der Wertschätzung? Was können Sie genau machen, damit Wertschätzung in Ihrer Beziehung zum Alltag dazugehört?

Herstellung und Verlag:
BoD – Books on Demand, Norderstedt
ISBN: 9783751955782

© Sarah Brandau 2020
1. Auflage
Kontakt: Psiana eCom UG/ Berumer Str. 44/ 26844 Jemgum
Covergestaltung: Fenna Larsson
Coverfoto: depositphotos.com